Die sechs Leben des Heinrich Sonnenschein
Eine etwas andere Biographie

Henning Mehlhorn

Die sechs Leben des Heinrich Sonnenschein

Eine etwas andere Biographie

Henning Mehlhorn

2. Auflage

ISBN: 978-3-95630-212-1

Bibliografische Information der Deutschen Nationalbibliothek:
Die Deutsche Nationalbibliothek verzeichnet diese Publikation in der Deutschen Nationalbibliografie; detaillierte bibliografische Daten sind im Internet über http://dnb.d-nb.de abrufbar.

Die Rechte für die deutsche Ausgabe liegen beim Autor.

Das Werk ist einschließlich aller seiner Teile urheberrechtlich geschützt. Jede Verwertung und Vervielfältigung des Werkes ist ohne Zustimmung des Autors unzulässig und strafbar. Alle Rechte, auch die des auszugsweisen Nachdrucks und der Übersetzung, sind vorbehalten! Ohne ausdrückliche schriftliche Erlaubnis des Autors darf das Werk, auch nicht Teile daraus, weder reproduziert, übertragen noch kopiert werden, wie zum Beispiel manuell oder mithilfe elektronischer und mechanischer Systeme inklusive Fotokopieren, Bandaufzeichnung und Datenspeicherung. Zuwiderhandlung verpflichtet zu Schadenersatz. Wagner Verlag ist eine eingetragene Marke.
Alle im Buch enthaltenen Angaben, Ergebnisse usw. wurden vom Autor nach bestem Wissen erstellt. Sie erfolgen ohne jegliche Verpflichtung oder Garantie des Autors. Er übernimmt deshalb keinerlei Verantwortung und Haftung für etwa vorhandene Unrichtigkeiten.

Heinrich, geliebter Heinrich

War das so aufgenommene Foto ein Fehler, den Heinrich als Sultan in der Mitte und seine Cousinen als Haremsdamen um ihn herum zu gruppieren? Für den süßen Heinrich nicht, denn es war ein prophetisches Foto.
Viele Jahre später, er war schon ein Mann, bekam er zum Geburtstag eine Zeichnung mit Heinrich als Sultan und seinen Lieblingsarbeitskolleginnen um ihn herum gruppiert als Haremsdamen. Aber so weit war es noch lange nicht. Er wuchs erst einmal in seine ersten Liebesabenteuer hinein. So hatte sich unser Heinrich bis zum sechsten Lebensjahr einen Harem mit drei Hauptdamen und einer Nebendame zugelegt. Die Hauptfrauen waren klassifiziert – erste Hauptfrau, zweite Hauptfrau, dritte Hauptfrau, Nebenfrau. Jedoch meinte Heinrichs Regierung eines Tages, Heinrich braucht Ortsveränderung, und aus war es mit seinen Frauen.
Heinrich kam in die Schule und bald wurde er wegen guten Betragens ausgezeichnet. Der Lehrer sagte, dass Heinrich zwischen den Mädchen sitzen sollte. Heinrich konnte sein Glück nicht fassen. Das war das größte Geschenk, welches man Heinrich machen konnte, zwischen den Mädchen! Natürlich hätte er gleich eine zu seiner Freundin geadelt, wenn sie nicht schon adlig gewesen wäre. Doch das Glück währte nicht lange.
Die Mädchen wurden aus seiner Klasse entfernt und Jungen kamen hinzu. Heinrich ging traurigen Jahren entgegen. Aber manche Jungen wurden vom Schicksal begünstigt und durften das Schuljahr bei den Mädchen absolvieren. Nur Mädchen, eine ganze Klasse voll Mädchen. Leider gehörte Heinrich nicht dazu.

Heinrich war nicht ganz gesund, also wurde er zur Kur geschickt. Wie nicht anders zu erwarten war, hat er sich natürlich verliebt. Dies ging ja nicht anders, nicht bei Heinrich. Seine erste Liebe hat ihm einmal geschrieben, welche Mädels Wert darauf gelegt hätten, dass Heinrich sich auch in sie verlieben sollte, aber da war er noch zu naiv, um so etwas zu erkennen.

In seinem Wohnhaus gab es auch nette Mädels. Eine war besonders nett. Es wurde erzählt, erzählt, erzählt. Heinrich wäre nicht er gewesen, wenn er nicht bemerkt hätte, dass Mädchen Schwestern haben. Doch das ging daneben. Schwestern halten eben zusammen. Heinrich musste Buße tun, es wurde ihm großherzig vergeben. Armer Heinrich, nur wegen der schönen Lippen.

Küsse einmal als junger Mann eine Frau, wenn du noch nie geküsst hast. Dies geht nur mit ganz vertrauten Mädchen. So musste Heinrichs Lieblingscousine in den sauren Apfel beißen. Er konnte anschließend wegen seiner zitternden Beine keinen Schritt mehr gehen, während Cousinchen unbeeindruckt davonging. Man sollte ihm seine Aufregung verzeihen, er war doch erst vierzehn Jahre.

Während Jungs, wenn sie erwachsen geworden sind, ein Mädchen heiraten, war es bei Heinrich anders. Heinrich hat nicht weiblich geheiratet, er hat sächlich geheiratet. Sein Ehepartner war das Buch.

Heinrich, willst du das Buch zu deiner Gemahlin nehmen und ihm lebenslang die Treue halten, so antworte mit „Ja" – Buch, willst du Heinrich zu deinem Gemahl nehmen und ihm lebenslang die Treue halten, so antworte mit „Ja". Somit erkläre ich euch zu Mann und Buch.

Als Heinrich zwangsverheiratet mit einer sehr schönen Frau war, sagte sie zum Scheidungsrichter: „Mein Mann ist bereits verheiratet mit dem Buch. Wenn Sie nicht die Ehe, die er nicht mit mir führte, aufheben, ist das Bigamie."
Doch neben Heinrichs Ehepartner Buch gibt es auch Nichtbücher aus Fleisch und Blut. Das Buch hat ihm sehr geholfen, seinen geliebten Mädchen näherzukommen. Sah er im Freibad ein lesendes Mädchen und sie hat ihm gefallen, dann hat er sie zu 99 Prozent nach Hause gebracht. So auch eine wunderschöne Frau.
Lehrlinge sind zum Arbeiten da und nicht zum Feiern, nein. Doch da müssen für die armen Lehrlinge von der Leitung Schwesternschülerinnen eingeladen werden. Richtig gemein, man weiß doch, was passiert. Man ist Kavalier und bringt als höflicher Mann ein Mädchen nach Hause. Sie könnte sich ja sonst verirren. Als Heinrich seine Schutzbefohlene zum Schwesternheim zurückbringt, kommt ihm seine schöne Frau aus dem Bad entgegen und somit ging seine Freundschaft mit ihr baden.
Die Leitung hat es mit ihren Lehrlingen immer gut gemeint. Es wurde ein Lehrlingszeltferienlager ins Leben gerufen. Um das Zeltferienlager herum waren Mädchen. Das war etwas für Heinrich. Es wurde etwas für die deutsch-deutsche Freundschaft getan und noch ein Mädchen von da und noch ein Mädchen von dort.
Die Leitung sagte, die armen Jungs, ein Ferienlager reicht nicht, und so mussten sie das nächste Jahr wieder in ein Ferienlager. Heinrich war wieder dabei, er war ja immer dabei. Als Treueprämie hat er wieder zwei Mädchen abbekommen.

Jede schöne Zeit geht vorüber, so auch die Lehrlingszeit. Den armen Jungens muss etwas geboten werden, ab in die Jugendherberge und wandern. Beim Wandern laufen einem immer Leute über den Weg, doch alle Müdigkeit ist verflogen, wenn es junge Mädchen sind.
Was sah unser Heinrich, ein Mädchen, ein Mädchen, ein Busen, nein zwei Busen, das war bestimmt die Schwester von Marilyn Monroe. Einmal an den Busen fassen, nur einmal, das ist eine Ohrfeige, nein drei, vier Ohrfeigen wert – Heinrich ging zum Angriff über.
Erste Stufe, mit Hilfe von Ehepartner Buch durch Gespräche die Schöne einlullen.
Zweite Stufe, Charme aktivieren, sich drehen, winden, biegen, neigen, seufzen, sülzen, nochmals seufzen. Dritte Stufe Start.
Es klappte. Was sagte und tat Marilyn Monroes Schwester, als er seine Hand glückselig vom Busen wegnahm? Sie legte seine Hand wieder an und meinte, fühle doch einmal, wie mein Herz klopft. Doch nicht nur bei ihr klopfte es.
Der Klügste war Heinrich nie. Das war sein Bruder. Wegen des familiären Gleichgewichts musste Heinrich zurückstecken. Mit seinem sonnigen Gemüt sah er es locker und seine geliebten Mädels haben ihm das auch nicht übel genommen.
Doch war Heinrich nicht so auf den Kopf gefallen, um nicht zu wissen, dass ein Abitur mehr wert ist als eine zehnte Klasse. Er sagte sich, ich könnte doch auf die Volkshochschule gehen und versuchen an dieser das Abitur zu erwerben.
Gesagt, getan. Die Mädchen, Heinrich war wieder Heinrich. Gleich gab es wieder Haupt- und Nebenfrau,

Freundin und Nebenfreundin. Eine Nette war zahnärztliche Helferin. Er musste gleich zu ihrem Chef, um sich einen Zahn ziehen zu lassen. Ergebnis – Heinrich ist vier Jahre nicht mehr zu einem Zahnarzt gegangen. Doch er ist ja ein Glückspilz, und das Schicksal meinte es gut mit ihm. Sein Freund ist Zahnarzt geworden.

Silvester wurde gefeiert mit zweiter Hauptfrau. Sie hatte eine Freundin mitgebracht. Sie hätte es nicht machen sollen. Nein, ihn nicht so in Versuchung führen, denn der Freundin gefiel Heinrich auch. Heinrich ging fort, auf die Nachtschicht von Hauptfrau eins, und läutete mit dieser das neue Jahr ein.

Heinrich wollte schon immer die weite Welt sehen. Er fuhr im Sommer an die Ostsee, um an dieser zu trampen. Hauptfrau eins und Hauptfrau zwei waren ebenfalls an der See. Die nächtliche Unterkunft war gesichert. Da liegt er doch, um zu schlafen neben Hauptfrau zwei, und die wollte von ihm ein Küsschen. Welch widerliche Moral. Kam für ihn nicht in Frage, oder doch? Heinrich musste dies doch einmal ausprobieren, aber mit einer anderen. Spätabends kam er zu seiner Hauptfrau zurück.

Ergebnis – Nacht im Strandkorb.

Die andere hatte Mitleid mit ihm und brachte ihn als Cousin bei ihren Wirtsleuten unter. Doch er war ja auch nur ein Mann. Statt am nächsten Abend gegenüber der anderen im Strandkorb seine Pflicht zu erfüllen, ist er eingeschlafen und die Hüter des Gesetzes haben Heinrich vor dem Erfrieren gerettet. Die andere hat dem armen Müden keine Audienz mehr gegeben. Er war in Ungnade gefallen. Heinrich ging und fuhr nun zu Hauptfrau eins. Diese hat ihn sofort in ein Zelt verbannt, denn Hauptfrau

eins hatte zu Hause eine schöne Zimmernachbarin, die er näher kennenlernen wollte und näher kennengelernt hat.
Es wäre doch so schön gewesen, Heinrich und das Abitur. Es sollte jedoch nicht sein, denn sein Begleiter war die Sonne, so war sein Gemüt und so sein vorlautes Mundwerk.
Schon immer hatte Heinrich die Vermutung, dass die Arbeit ihn nicht leiden konnte. Er hat verschiedene Arbeiten versucht, wollte sich immer mit der Arbeit anfreunden, doch die Arbeit mochte ihn nicht. Das lag nicht an ihm. Wenn jedoch auf der Arbeit schöne Mädchen mitarbeiteten, da war die Arbeit nett zu Heinrich. Er war schon immer hilfsbereit, und wo Menschen gesunden müssen, war er gut aufgehoben. Das merkte auch manche Schwester. Da schnappte sich eine unseren Heinrich und wollte ihm seine in „Klapperlatschen" steckenden Füße waschen. Er wusste bis dato nicht, dass er Füße hatte, die bis zum Oberschenkel gingen. Diese Erkenntnis war ihm nicht geheuer, so dass er Reißaus nahm. Jedoch nur zwei Meter, denn zu verführerisch war der Gedanke ganz zu bleiben. Es wurden in der besagten Nachtschicht sechs Stunden seine Füße gewaschen. So schmutzig waren Heinrichs Füße nie wieder.
Er hatte kein Abitur, die Arbeit mochte ihn nicht, also ging er wandern. Er wäre jedoch nicht Heinrich, wenn nicht nette Mädchen ihm diesen Weg versüßt hätten. Auch Marilyn Monroes Schwester verwöhnte ihn auf seinem gefahrvollen Weg, wo immer ein Mädchenherz lauern konnte, in das sich der arme Heinrich verlieben sollte. So muss er heute oft an die „Böse von da" denken und an die „Gute von dort", die eine vernünftige Mutti hatte, die den armen Gebeutelten der Stadt verwies.

Heinrich liebte es ja, Menschen zu helfen. Er ging in eine andere Stadt, wo es Arbeit gab, aber auch andere Mädchen. Eine war so böse zu ihm, dass sie ihn in der Spätschicht auf die Liege stieß, sich auf ihn warf und ihn sofort willenlos machte, indem sie ihn abkusselte. Eine andere hat ihn beim Kusseln auf der Arbeit in die Lippe gebissen, dass sie blutete. Der Bogen, den er dann um sie gemacht hat, konnte nicht groß genug sein. Die Mädchen konnten auch nett sein. Mit der einen verschwand er im Abstellraum und mit der anderen führte er gymnastische Übungen durch. Rein in die leere Badewanne, raus aus der Wanne, dies mindestens zwanzigmal. Statt dass sie ruhig geblieben wäre, damit er sich besser auf seine Arbeit hätte konzentrieren können, nein, sie musste quieken und lachen, und das bei einer so anstrengenden Tätigkeit. Mädchen sind eben albern.

Es war auch nicht schön, wenn man ihn zu einer Tasse Tee einlädt und, nur weil man Heilgymnastin ist, dem armen Heinrich gymnastische Übungen zeigt, mit der Absicht, diese Übungen gemeinsam durchzuführen.

Als die Verantwortlichen Heinrichs Vertrautsein mit den Mädchen nicht in seiner Arbeitsplatzbeschreibung wiederfanden, wurde ihm nahegelegt, da er jedoch nun alle Mädchen kennen würde, seinen Aktionsradius zu erweitern.

Dies war auch notwendig, denn ihm hatte man das Abitur wieder nicht gegeben, und nur weil er einen Lehrer im Treppenhaus nicht gegrüßt hatte. Das hat ihm der Lehrer sehr übel genommen, welch eitler Gesell.

Was macht Heinrich in so einer Situation? Er geht wandern. Weil er jedoch nicht der einzige Luftikus der Stadt war, nahm er den anderen gleich mit. So zogen sie dahin nach Ungarn. Jedoch nicht, ohne vor der Wanderung noch ein Mädchen kennengelernt zu haben und stolz in ihren an sie gesandten Karten von ihren Lauffortschritten zu berichten.

Heinrich wusste schon immer, dass im Leben etwas, also etwas, getan werden muss. Dies reicht jedoch vollkommen aus. Er tut etwas und ist sofort wieder von Mädchen umgeben. Hier ist Heinrich so richtig beliebt. Alle können ihn gut leiden, denkt er jedenfalls, und er mag auch alle. Manche interessierte sich für Heinrich, er hatte aber eine Freundin. Diese hatte einen Papa, einen strengen Papa, einen beruflich hochangebundenen Papa. Der Papa wollte ihn eines Tages sprechen. Jedoch Heinrich hatte Angst, geriet in Panik und verließ mit seiner Freundin die Wohnung, nicht durch die Tür, da stand der Papa davor, sondern durch das Fenster mit zusammengeknoteten Bettlaken. Ach Heinrich, welch schöner Schwachsinn! Und dann noch fünfzehn Kilometer zum Freund laufen, um bei diesem mit Freundin die Nacht zu verbringen.

Die Arbeit und auf der Arbeit sind zwei verschiedene Begriffe. Die Arbeit hat ihm immer ihre Krallen gezeigt. So ging Heinrich studieren. Vierzehn Mädchen, sechs Jungen, besser hätte er es nicht treffen können. Es wurden sofort den Lieblingskommilitonen Götternamen der griechischen Mythologie gegeben, aber er war der Chef der Göttinnen. Das war etwas für unseren Heinrich. Erst die Ernteeinätze, jedes Dorfkolorit wird durch die Dorfschönheiten bestimmt. Für ihn waren die Dörfer nicht nur bunt, sondern hell und freundlich. Er war er und hatte als Student, dies war notwendig für das Imponiergehabe, eine wunderschöne Freundin in der Heimatstadt und

eine hochintelligente in der Studierstadt, wie sein alter Vater, als dieser noch Student war. Ja, ja, die Gene.
Doch Schule ist ja auch irgendwie gleich Arbeit, und Heinrichs geistiges Schöpfertum war beizeiten erschöpft. Eines Tages, mitten in der Pause, nahm er seine Tasche und ging, um nicht mehr zurückzukehren. Ade, ihr schönen Mädels, ade, du schöne Zeit.
Ohne Schule, ohne Arbeit, ohne Geld setzte sich Heinrich in die Bibliothek und las, las, las. Er gab seine ganze Liebe seiner einzigen Gemahlin im Leben, dem Buch. Es war eine schöne Zeit. Sie machte ihn richtig glücklich. Doch der arme Heinrich wurde zwangsverheiratet, und nur weil er für Nachwuchs mit der schönen Frau aus der Heimatstadt gesorgt hatte.
Als er dachte, die Welt ist größer, als er sie kennt, wurde ihm dies sehr übel genommen. Schon wurde seine Welt verkleinert, sehr verkleinert. Auch diese Zeit ging vorüber, um anschließend sofort von den Fesseln der Zwangsehe befreit zu werden. Dieses Geschenk hat er der schönen Frau nie vergessen. Danke dir, wunderschöne Frau. Jetzt kam seine eigentliche Gemahlin wieder zu ihrem Recht, das Buch. Es sollte seine einzige Gemahlin bleiben.
Heinrich fing wieder an zu arbeiten. Es dauerte nicht lange, er bestimmte das Geschehen. Eine feste Freundin war Pflicht. Aber dann gab es noch die und die und die. Jedoch mit der einen war es wie immer, die hatte eine Freundin und sie war eine wahre Freundin, Pech für Heinrich.
Bei der Frauentagsfeier wollte manch Schöne mit ihm ein Gläschen leeren, und die Chefsekretärin hatte auch gedacht, ob sie mit ihrer Zunge in seinen Magen käme. Je-

denfalls, da er auch Geburtstag hatte, wurde ihm ein Bild geschenkt, Heinrich als Sultan und seine Lieblingsmitarbeiterinnen um ihn als Haremsdamen angeordnet.

Welch Unglück, er wurde zum Lehrgang geschickt. Sofort waren dortige Damen hinter ihm her, welche er erfolgreich nicht abwehrte. Heinrich war ein klein wenig vernünftiger geworden, vernünftig eben, um wieder die AOS zu besuchen und das Abitur zu bestehen. Nun wollte und durfte der eitle Heinrich an der Universität studieren und begann ein Externstudium.

Aus organisatorischen Gründen wechselte er die Arbeitsstelle und machte sich mit Natur und Technik vertraut, aber auch mit den jungen Mädchen, wo geflirtet und gekusselt wurde. Weil die Arbeit wechseln ihm lag, wechselte er wieder und seine jetzige kam seinen künstlerischen Interessen sehr entgegen. Seine Regierung hätte ihn von zu Hause nicht fortdrängen sollen. Fordernd, er sollte sich eine eigene Wohnung suchen, auch wenn er bereits zweiunddreißig Jahre wäre. Es war alles so harmonisch. An der Wohnungseingangstür war für die Mädchen Schluss gewesen. Jetzt kamen die Mädchen ungebremst zu ihm.

Da seine Nachbarin von den Männern sehr begehrt war, hatte die geteilte Wohnung einen Anflug von dem Salon der Madame de Staël. Heinrich hatte nun alle Hände voll Hintern und Busen zu tun. Er musste jedoch Mädchenherzen enttäuschen. Es wären zu viele geworden. Bei seinem großen Herzen hat ihm das sehr leidgetan. Aber es waren viele, viele, viele.

Eines Tages hat er eine kennengelernt, die hat alle anderen verdrängt. Es kommt im Leben immer die richtige Frau, die „Eine".

An der Universität wird studiert. Studieren macht aber hungrig. Eine barmherzige Studentin hat unserem Heinrich zu den Vorlesungen immer Kuchen mitgebracht, für sein leibliches Wohl gesorgt. Zur Exkursion in einem Ort war er mit „Kuchen" das Tanzbein schwingend in einer Bar, und als sie anschließend so herrlich besoffen in das Quartier schwankten, hob der schon schlafende und verschlafene Professor den Kopf, schüttelte ihn, das Geschehen missbilligend, und ließ ihn wieder sinken, um weiter zu ruhen. Der Letzte, der kam, war wie immer, wer wohl?

Zur Exkursion in einem anderen Lande fragte eine Kommilitonin unseren Heinrich, wann er gedenke, sie einmal zu küssen. Er wollte eigentlich eine andere küssen, hat sich jedoch, da er ein Feigling war, nicht getraut.

An einem Exkursionsort in Deutschland hat er eine kennengelernt, zusammen den Mondschein genossen, sie an ihrem Heimatort besucht und wieder eine „wahre Freundin" bewundern können. Er hatte immer Pech mit der Freundin von der Freundin.

Exkursion heißt weiterziehen, von einem Ort zum nächsten. So auch Heinrich. Wieder eine kennengelernt, sie wollte ebenfalls mit ihm den Mondschein genießen, aber er war kräftemäßig am Ende, konnte sich vor Müdigkeit kaum mehr auf den Beinen halten. Er versprach ihr, sie an ihrem Heimatort zu besuchen. Doch dies wollte sie nicht, denn sie wäre glücklich verheiratet. Ach, Heinrich, nicht nur du warst den Frauen „treu", auch Frauen ihren Männern oder „treu" ihrem Mann.

Es war nicht alles Lust und Liebe. Es gab auch Frauen, die sich Heinrich gegenüber für seine Liebesdienste dankbar erwiesen, sehr dankbar. Er war wie immer ein

Kavalier. Er konnte diese Liebesgaben unmöglich, dies wäre einer Beleidigung gleichgekommen, nicht annehmen.
Die Obrigkeit sagte, Heinrich ist ein böser Junge. Er darf kein Diplom bekommen. Die Professoren sagten, Heinrich ist ein guter Junge, er soll ein Diplom bekommen.
Heinrich wechselte wieder die Arbeitsstelle. Er sollte sich eine Delegierung erarbeiten.
Es kommt im Leben immer die richtige Frau, die „Andere". Heinrich hatte die richtigen Frauen gefunden, die „Eine" und die „Andere". Heinrich hatte siebzehn Jahre die „Eine" und die „Andere". Eltern, Freunde, Verwandte kannten und mochten die „Eine" und die „Andere".
Die „Eine" und die „Andere" wurden der Maßstab für alle anderen Frauen, denn andere Mütter hatten auch weiterhin schöne Töchter. Er lernte die Dritte kennen. Bevor ihr Schlimmeres widerfahren wäre, eine Freundin von ihm zu sein, hat er ihr die „Eine" und die „Andere" gestanden. Die „Dritte" war sehr enttäuscht.
Er wäre nicht er und zog wieder los mit alten Freundinnen und Freunden. Neue Kussmädchen traten in sein Leben. Sie waren keine „Eine" und keine „Andere".
Heinrich bekam seine Delegierung und machte sein Diplom. Aber er war der „böse Heinrich". Er wechselte die Arbeitsstelle, arbeitete bei der „Einen", wechselte wieder die Arbeit und wurde von der „Anderen", nicht nur von der „Anderen", verwöhnt.
Heinrich hatte Zeit und umtriebig, wie er war, ging er in den Club für Alleinstehende. Er war sofort Hahn im Korb oder Heinrich im Bett. Es waren etliche Frauen, die ihn kusseln wollten, aber er war wählerisch geworden.

Sie mussten ihm besser gefallen als die „Eine" oder die „Andere". Dies war für die Mädchen sehr, sehr schwer.

Es gab auch Frauen, die hatten ein gefährliches Funkeln in ihren Augen, wenn er sich von der Dienstleistung drücken wollte, sie nicht drücken wollte. Doch meist gab er dann klein bei und kam seiner Pflicht nach.

Jetzt passierte etwas, nein, es hätte nicht sein sollen, aber es war doch so herrlich. Zwei Freunde hatten eine Anzeige aufgegeben, hundert Zuschriften bekommen, zwei Damen sofort gefunden, die restlichen Zuschriften dem Heinrich gegeben. Er hatte sich mittlerweile einen Lada zugelegt, stellte sich Routen zusammen, und da er wusste, die Mädchen suchen einen Mann, besuchte er sie. Dies war ein voller Erfolg für unseren Heinrich. Heinrich, Heinrich! Der Leser dieser Zeilen wird den Kopf schütteln. Heinrich wäre sich selbst untreu geworden, wenn er nicht beizeiten das Interesse an den Damen wieder verloren hätte. Doch manche haben bei ihm ihre Nettigkeitsspuren hinterlassen.

Es kam der Tag, er verließ das Land seiner schönen Frauen, ging in den Neustaat und wurde wieder Student. Er verstand sich gut mit den jungen Studentinnen, hatte weiterhin viele Chancen, da diese ihn viel, viel jünger schätzten. Heinrich war mittlerweile jedoch vierzig Jahre und hielt sich sehr zurück. Der Altersunterschied war ihm zu groß geworden.

Die „Eine" kam ihm nach und kümmerte sich um ihn, die „Andere" kümmerte sich um seine Eltern. Die Wende kam, Heinrich war nun Doktor und arbeitete wieder in seiner Heimatstadt. Wer kennt schon das Schicksal.

Heinrich ist nun alt geworden.

Die „Eine" hat er noch. Sie wohnt in einer anderen Stadt. Die „Andere" hat einen anderen.

Ansonsten lebt Heinrich sehr zurückgezogen, allein, allen Vergnügungen aus dem Weg gehend. Nur seine treue Gemahlin, das Buch, ist bei ihm. Seine vielen Damen? Er hat sie nie wieder gesehen.

Heinrich, armer, armer Heinrich!

Heinrich, böser Heinrich

Heinrich war sieben Jahre, als sein Vater ihm im Garten eine große Wippe baute. Seine Großmutter war einundsiebzig, die als liebe Omi mit ihm und seinem Cousinchen, Cousinchen als Gewichtsverstärker, wippen wollte. Da stand doch unserem Heinrich schon der Schalk in den Augen, als er mit seinem Cousinchen vereinbarte, die Omi, wenn sie auf der Wippe oben wäre, hopsen zu lassen. Als dies geschehen war, das Geschehen abgeschlossen, war nichts mehr so wie vorher. Aus der friedlichen Gartenidylle war eine nationale Brüllgemeinschaft hervorgegangen. Großmutter, weil sie von der Wippe geflogen war und sich eine Rippe gebrochen hatte, Vater, weil man seiner über alles geliebten Mama dies angetan hatte, deutschlandweit brüllten ihre zahlreichen Söhne auf, und Heinrich über die Konsequenzen, die er nun ertragen musste. Überhaupt waren Vater und Sohn eine Brüllgemeinschaft. Vater wegen der Wachstumsentwicklungen, die Heinrich durchmachen musste, und Heinrich über die Folgen, die so eine Entwicklung eben mit sich bringt.
Manchmal durften die Hausbesucher auch daran teilnehmen, wenn Vater und Sohn aus Leibeskräften brüllend in den Keller hinabstiegen. Vater vorneweg und Heinrich an der Hand zerrend hinterher.
Doch Heinrich war sonnigen Gemüts, der den Vater mehr zur Verzweiflung und Ratlosigkeit brachte als er Heinrich. War genug gebrüllt worden, breitete sich ein eitler Sonnenschein über Heinrichs Gesicht aus, und der Schalk kehrte in seine Augen zurück.
Doch Heinrich hing trotz Gebrüll und den Meinungsverstärkern (Schläge) seines Vaters sehr an ihm und später

hatte sein Vater in allen Dingen immer die Meinung von seinem Sohn, oder vielmehr der Heinrich vertrat die Ansichten des Vaters. Es geht doch. Ja, ja, Vater und Sohn waren ein tolles Team.
Heinrich kam in die Schule und musste nun in die Schule gehen. In der dritten Klasse setzte ihn der Lehrer zwischen die Mädchen auf der Mädchenseite. Heinrichs gutes Betragen hatte wieder Früchte getragen und Heinrich war stolz, auf dieser Seite des Lebens zu stehen oder zu sitzen.
Den werten Lesern sei es mitgeteilt, nach dreiundzwanzig Jahren konnte sich Heinrichs Klassenlehrer der vierten Klasse noch an ihn erinnern, leider nicht im Guten. Nach siebzehn Jahren, die er aus der Schule war, kannten ihn noch Lehrer, die er aber nicht kannte, nie als Lehrer im Unterricht gehabt hatte. Das war Heinrich.
Er war als Kind einmal krank und musste zur Kur. Er war derjenige von vierzig Jungen, der das „beste" Betragen an den Tag legte und diese „Auszeichnung" nach Hause schreiben durfte und es den Eltern mitteilen sollte.
Der Lehrer der sechsten Klasse legte Heinrich im Unterricht einmal über das Knie. Er schlug ihn zwar nicht, aber zweiunddreißig Jungen amüsierten sich köstlich. Heinrich ging heulend, sich beschwerend zum Direktor mit dem Ergebnis, dass dieser ihn aus dem Direktorenzimmer warf. Da soll nun einer, vor allem der arme Heinrich, die Welt verstehen.
Heinrich wuchs nun heran. Die Betragensvier auf dem Endzeugnis der zehnten Klasse interessierte ihn ebenso wenig wie die Beurteilung, die er bekommen hatte. Eher schon die Einschätzung über ihn, die die Lehrer der Berufsschule in sein Leistungsheft geschrieben hatten. Diese

war so „schmeichelhaft" geschrieben, dass er so viel „Gutes" nicht annehmen konnte und sie sofort aus dem Leistungsheft verbannte.

Da die Arbeit eine negative Einstellung zu Heinrich hatte, er ihr deshalb aus dem Weg ging, sagte sich Heinrich, dass er auf die Abendoberschule gehen könne und versuchen sollte das Abitur zu erwerben.

Aber Heinrich und Mund halten, gegensätzlicher konnte dies nicht sein. Das musste er erst verinnerlichen. Doch so weit war er noch lange nicht. Er schnatterte und schnatterte und schnatterte und genau dies und das, was die Lehrer nicht hören wollten. Das Ergebnis war, er bekam kein Abitur.

Er ging in eine andere Stadt und versuchte erneut, ob die Lehrer der AOS willig waren, ihm das Abitur zu geben. Aber Vater hat immer zu Heinrich gesagt, gehst du durch das Treppenhaus, werden die Leute, ob du sie kennst oder nicht, gegrüßt. Er hat sich als folgsamer Sohn minutiös daran gehalten. Doch einmal, ein einziges Mal, im Schulgebäude zur Prüfung hat er nicht gegrüßt, und dieser Lehrer war so empört darüber, dass er unseren Heinrich durch die Prüfung fallen ließ.

Auf der Arbeit oder beim Arbeiten hat er viele Mädels so intensiv kennengelernt, dass ihm die Leitung nahelegte, sein Mitteilungsbedürfnis gegenüber den Damen in einem anderen Gesprächskreis weiterzuführen.

Heinrich wechselte die Arbeitsstelle. Doch sein Schnattermäulchen hat ihn auch manchmal beliebt gemacht, und nicht nur bei den Mädchen.

Auf der jetzigen Arbeitsstelle, wo er doch wirklich einmal in seinem beruflichen Werdegang beliebt war, blieb er nicht lange. Er ging studieren auf der Fachschule. Nach einem Jahr setzte eine geistige, schulische Müdigkeit ein, so schlimm, dass er die Schule wieder verließ. Doch so einfach ging dies nicht, er wurde exmatrikuliert.

Da, wie schon erwähnt, die Arbeit ihn nicht mochte, ging er als höflicher Mensch ihr auch aus dem Weg.

Heinrich gab sich jetzt seinen Vergnügungen hin. Er setzte sich in die Bücherei und las, las und las. Doch für alles zu haben, was mit Arbeit nichts zu tun hatte, wollte er seinen Aktionsradius erweitern. Ergebnis: Sein Aktionsradius wurde klein, sehr klein. Doch er war ein Glückspilz. Er hatte die Pflicht, die Bibliothek zu verwalten. Er konnte das Einzige tun, was ihm im Leben neben den Mädchen Freude machte – LESEN.

Sein Aktionsradius erweiterte sich wieder, das hieß arbeiten. Also ging er arbeiten. Dieses Mal konnte er sich die Arbeit nicht aussuchen, sie wurde ihm ausgesucht. Heinrich war ruhiger und vernünftiger geworden. Vernünftiger, nicht vernünftig, da hätten seine Gene rebelliert. Doch wer liebt schon eine Rebellion im eigenen Körper? Er ging wieder auf die AOS und ruhiger und lieb, wie er jetzt war, gab man ihm das Abitur. An einer Universität studierte er auch. So durfte Heinrich ein Externstudium aufnehmen. Ein für den Betrieb artfremdes Studium bringt Schwierigkeiten mit sich, er wechselte die Arbeitsstelle und arbeitete nun an der frischen schönen Luft. Die Luft, die er jetzt einatmete, war zwar nicht gesiebt, konnte aber schön kalt werden und unangenehm riechen.

Heinrich wechselte wieder. Oh, Kunst, wie bist du schön. Da er pfiffig war, wurde er Unternehmer. Er unternahm alles, um nicht arbeiten zu müssen, er ließ andere seinen Dienst tun. Die Arbeit nahm dies dankbar auf. Sie war ja froh, wenn sie Heinrich nicht sah, und Heinrich sah dies ebenso. Dies ging einige Jahre. Heinrich absolvierte an der Universität einige Prüfungen. Aber dann wollte er sein Diplom machen. Das Rektorat sagte nein, nicht der böse Heinrich. Das Institut erwiderte ja, es ist ein guter Heinrich.

Heinrich, der nie eine Arbeitsstelle als böser Heinrich bekommen hatte, wo ihm eine Delegierung zum Diplom gegeben worden wäre, sollte sich so eine Arbeitsstelle suchen, eine Delegierung für die Zulassung zum Diplom sich an dieser erarbeiten.

Ein solches Glückshaus mit solch einem Glück war ihm bisher immer verwehrt worden. Da er von der Unternehmerstelle eine gute Beurteilung bekam, die ihn weglobte, stellte das Glückshaus ihn zu seinem großen Glück ein. Nach Anfangsirritationen der Obrigkeit, denn er war und blieb ein böser Junge, bekam er die Delegierung zum Diplom und machte das Diplom.

Doch im nachbarlichen Glückshaus hatten böse Buben eingebrochen. Und da Heinrich auch zu den Bösen gehörte, bekam er dies sofort zu spüren, und zwar sehr. Doch er hatte sein Diplom, verließ das ihm nicht mehr wohlgesonnene Glückshaus und suchte sich eine andere Arbeitsbeschäftigungsstelle. Er hatte ein Thema für eine Doktorarbeit bekommen. Dies umzusetzen vergnügte sich Heinrich als Nachtwächter auf einem wunderschönen Schloss für wenig Arbeit und gutes Geld. Seine Doktormutti sah dies jedoch anders. Er sollte richtig arbeiten entsprechend seinem Diplom. Aber Heinrich war doch ein böser Junge und böse Jungen dürfen nicht arbeiten, wo sie wollen und wenn sie wollen.

Er wechselte wieder die Arbeit, setzte sich in eine Pforte und zählte Rentner, die im Altersheim ein- und ausgingen. Doch eines Tages vertrat er die Auffassung, er hätte nun genug gezählt, und ging, um nichts mehr zu tun. Heinrich wurde bockig und trotzig. Papa Staat hatte Einsicht, dass es mit ihm und Heinrich nichts mehr werden würde, und schickte ihn außer Landes. Die Früchte des Staates sollte er nicht mehr genießen dürfen.

Auf der anderen Seite des Landes angekommen, welch wundersame Verwandlung, wurde aus dem bösen Heinrich der gute Heinrich. Heinrich durfte auch studieren, dieses Mal direkt. Er war schon vierzig Jahre und trotz seines Diploms von der bösen Seite musste Heinrich auf der guten Seite wieder von vorn anfangen. Doch Heinrich mit seinem sonnigen Gemüt störte dies wenig. Die ganze Studiererei von ihm endete damit, dass Heinrich eines Tages Doktor war. Nun war aus dem bösen und guten Heinrich der liebe gute Heinrich geworden. Alle, die ihn kannten als den bösen Heinrich, wunderten sich, dass er nun der liebe gute Heinrich war, oder besser gesagt, sie hatten es alle vorher schon gewusst, dass der böse Heinrich eigentlich ein LIEBER GUTER HEINRICH ist.

Heinrich der Gläubige

Heinrich brauchte bei seinem Leben einen festen Glauben, um alles unbeschadet zu überstehen. Da er diesen Glauben hatte, überstand er alle Widrigkeiten, die so ein Lebenswandel eben mit sich bringt, unbeschadet. Sein sonniges Gemüt konnte nichts erschüttern, und wenn, dann nur kurzfristig.

Wenn Heinrich als Kind abends in das Bett ging, legte Mutter großen Wert darauf, dass vor dem Schlafen bei ihm, aber auch bei seinem Bruder gebetet wurde. Während der Bruder nach der Konfirmation möglicherweise das letzte Mal einen Gottesdienst besucht hatte, war es bei Heinrich gegensätzlich. Er ging am Heiligen Abend meistens als Einziger der Familie in die Kirche. Dabei war er ein frecher Kerl, dem man diesen Glauben nicht zugetraut hätte. In der Christenlehre wie in der Schule fiel er immer unangenehm auf, und gewusst hat er auch nie etwas.

Christenlehre war langweilig, Schwänzen viel schöner. Doch dies hatte das Elternhaus streng verboten, und nur nichts zu Hause davon erzählen.

Als er in der Christenlehre wieder einmal Unsinn machte, statt aufzupassen, mit der Wasserpistole herumspritzte, kam die schöne Katechetin zu Heinrich und hat ihm eine fürchterliche geknallt. Sofort war Heinrich zwar nicht fromm, aber lammfromm. Die Ohrfeige hatte gesessen.

Sein Vater legte großen Wert darauf, wenn einer seinen Sohn körperlich züchtigt, dann nur er und nicht fremde Personen. Bei Fremdzüchtigung konnte Vater solchen Leuten gegenüber unangenehm werden, sehr unangenehm. Doch Heinrich verschwieg gegenüber den Eltern diese Backpfeife. Was wäre passiert, wenn er die Katechetin verpfiffen hätte. Vater wäre bei ihrer Schönheit und Ausstrahlung, wie Männer nun einmal sind, sofort eingeknickt. Sie hätte gesäuselt und Charme entwickelt, es wäre noch mehr zur Sprache gekommen und im Ergebnis – wehe dir, mein Sohn, wenn ich nach Hause komme. Also Mund halten.

Die Christenlehre trug jedoch Früchte. Eines Tages, Heinrich war elf Jahre, hatte er im Wald seine Taschenlampe verloren. Er suchte und suchte und fand sie nicht. Welcher Verlust, seine neue Taschenlampe war weg. Ein Junge ohne Taschenlampe, das war wie Mond ohne Mondschein. Aber wofür geht man oder muss man in die Christenlehre gehen? Also ran an das Gebet. Das Wunder geschah. Er hörte auf einem Baumast in einer Entfernung von ca. vier bis fünf Metern einen Vogel zwitschern. Als er zu dem Vogel schaute, ließ der Vogel Kot fallen. Heinrich verfolgte das Fallen des Kots und an der Stelle, wo der Kot auf den Waldboden fiel, sah er etwas im Laub blitzen. Es schaute nur vier bis fünf Zentimeter heraus, der Rest war von Laub bedeckt. Es war seine neue verchromte Taschenlampe. Dieses Erlebnis hat ihn sehr beeindruckt. Es hat Heinrich nicht lammfromm gemacht, aber etwas frömmer. Doch er blieb ein Rüpel. Nach der Konfirmation hätten sich die Pfarrer lieber die Zunge abgebissen, als Heinrich zu fragen, ob er in der Jungen Gemeinde mitarbeiten wolle. Heinrich war gern gesehen, am liebsten von hinten.

Mit seinem Glauben stand er immer allein. Der Altstaat hatte sich eine Ideologie geschaffen, wo der Glaube keinen Stellenwert besaß. Wer etwas im Altstaat werden wollte, sollte sich möglichst von der Kirche fernhalten.

Heinrich musste einen Beruf lernen und seine Noten der Mittleren Reife entschieden sich für den Beruf eines Maurers. Auf der Lehrstelle bekam er einen Glaubensstreiter, -verteidiger, -bewahrer an seine Seite, Otto den Himmelhund. Dieser war zwar katholisch, aber seine Mutter war protestantisch, also ein Halbkatholik. Heinrich war durch seine Großmutter ja auch ein Viertelkatholik.

Nun waren Heinrich und Otto schon eine Macht, an der alle atheistischen Erneuerungsversuche abprallten. Gegen Heinrich und Otto hatten Diskutanten keine Chance. Diese gaben klugerweise auf. Wenn nicht, Heinrich und Otto waren bärenstark, aber auch bissig, im wahrsten Sinne des Wortes zwei Himmelhunde.

Bevor sich die Erfolge im Leben Heinrichs einstellen sollten, wurde er durch das, sagen wir, Schicksal hart gekloppt. Sein albernes Wesen wurde in die Ecke gestellt, nicht entsorgt, um Gottes willen, nicht bei ihm, denn gealbert hat er immer gern, doch etwas ernster wurde er schon, manchmal.

Es passierte auch, dass der Herrgott direkt eingreifen musste, wenn er mit seinem Latein oder besser Russisch am Ende war. Dies war bei der Russischprüfung an der Universität der Fall. Russisch war immer sein schwächstes Fach. So musste er einen russischen Text in einem separaten Raum in einer bestimmten Zeit ins Deutsche übersetzen. Zu Hause hatte er für die Übersetzung der ersten Buchseite sechs Stunden gebraucht. Die fünfzehn übersetzten Pflichtseiten brachten 685 Vokabeln an das Tageslicht, welche er nicht wusste und lernen sollte und musste. Jetzt in der Prüfung eine Übersetzung in Höchstgeschwindigkeit durchzuführen, überforderte den armen Heinrich. Der Herrgott hatte Erbarmen mit ihm und schickte einen Engel als Assistenten. Sie übersetzten zu zweit. Es klappte. (Der Leser denkt, der Autor trägt dicke auf. Nein, Heinrich hatte immer das Gefühl, er übersetzt den Text nicht allein, es ist jemand bei ihm, welcher mit übersetzt. Wenn der Leser meinen sollte, dies würde es nicht geben, verweist der Autor auf das Buch von Leo Trotzki „Mein Leben", Berlin 1930, Seite 320.)

Auf der Arbeitsstelle nach seiner Ungarnwanderung, Heinrich hatte lange Haare, es war die Ära der Beatles, gaben ihm die Arbeitskollegen den Spitznamen „Beatpastor". Ja, Pfarrer wollte er auch einmal werden. Doch aus politischen Gründen wurde dies vom Altstaat abgelehnt. Es war besser so. Die Ernsthaftigkeit für so einen Beruf fehlte Heinrich, von der Intelligenz ganz zu schweigen.

Heinrich war immer der Meinung, dass der Herrgott auch eingreift, ohne dass man solches immer erkennt, aber manchmal auch erkennen soll. Als Heinrich an der S-Bahn-Station Friedrichstraße in Berlin stand und wirklich einmal nicht wusste, wie es im Leben weitergeht, ob noch etwas geht, da schickte der Herrgott einen Engel in Form einer menschlichen Gestalt vorbei und die Sonne schien wieder. Oder als er die Universität verlassen wollte, um eine attraktive Arbeit anzunehmen, da war es wieder ein menschlicher Engel, der dies verhinderte. Da konnte Heinrich nur sagen: „Gott sei Dank."

Heinrich erklärt sich die Existenz Gottes nicht nur aus persönlichen Erlebnissen, sondern ihm ist die Sache einfach logisch. Er sagt, wenn sich etwas entwickeln soll, muss der Begriff klar sein. – Wenn sich ein Ohr entwickeln soll, muss der Begriff „Hören" klar sein, wenn sich die Nase entwickeln soll, muss der Begriff „Riechen" klar sein, man muss wissen, was Schmecken ist, damit sich die

Geschmacksnerven entwickeln können. So geht es weiter durch den gesamten Körper.

Interessant ist es bei den Augen. Man muss wissen, was Sehen ist, damit sich das Auge entwickeln kann. Bei der Entwicklung des Auges wurde jedoch beachtet, dass das Licht unsichtbar ist und, erst wenn das Licht auf einen Gegenstand fällt, sichtbar wird. Die „Entwicklung" hat also gedacht. Wir Menschen machen uns doch auch Gedanken, bevor wir handeln. Bauen wir ein Haus, fertigen wir Zeichnungen, Entwürfe usw. im Vorfeld an.

Jesus Christus sagt, dass wir an Gott glauben sollen. Das ist nur die Hälfte des Satzes, die andere Hälfte wird nicht gesagt und die heißt, dass wir es nicht wissen sollen. Wenn wir die Existenz Gottes wüssten, würden wir Menschen untergehen. Wir wären vollkommen orientierungslos.

In diesem Zusammenhang verweist Heinrich auf das Buch von Tralow „Mohammed". Mohammeds Verzweiflung, sein ständiges Verlangen des Gespräches mit Gott, seine Bitte an Gott, ihm bei seinen von Gott gegebenen Aufgaben behilflich zu sein. Seine Verzweiflung, seine Ratlosigkeit führte zu diesen Gesprächen, denn seine Aufgabe war, eine Weltreligion zu schaffen. Doch die Anfänge sahen nicht so aus, als ob aus diesen eine Weltreligion werden würde.

Wenn wir Menschen eine Aufgabe zu erledigen hätten und wüssten von der Existenz Gottes, würden wir uns keine Gedanken mehr machen, um die Probleme zu lösen, nein, wir wären ständig in der Kommunikation mit Gott. Bei unseren Milliarden von Menschen würde ein einziges Chaos entstehen. Darum hat der Satz „Hilf dir selbst, da hilft dir Gott" schon seine Richtigkeit, d. h.

glauben, nicht wissen. Was sagt Heinrich weiter? Was spielt sich im Körper der Menschen, der Tiere und der Pflanzen ab? Es sind Programme, die ablaufen. Diese Programme mussten entwickelt werden. Das ist die Schöpfung. Entwickeln wir Menschen nicht auch Programme?

Kommen wir noch einmal auf das Auge zurück. Unser Auge ist so aufgebaut, dass es eine bestimmte Wellenfrequenz sehen kann. Wir nennen es Licht oder, anders gesagt, Lichtspektrum aus einem weit größeren Strahlungsmeer.

Stellen wir uns eine Skala von eins bis zwanzig vor. Mit unserem Auge befinden wir uns fiktiv im Bereich acht. Wir können Licht sehen, aber in diesem Bereich erst, wenn es auf einen Gegenstand fällt. Wir können im Bereich acht aber nicht Röntgenstrahlen, Laserstrahlen oder eine andere Strahlung sehen.

Würden wir ein Auge haben, das sich in unserer Skala fiktiv in dem Bereich zehn befindet, könnten wir vielleicht Röntgenstrahlen sehen. In dem fiktiven Bereich dreizehn möglicherweise Laserstrahlen, aber kein Licht mehr.

Wenn die Menschen Augen hätten, die im fiktiven Bereich sechzehn angesiedelt sind, könnten sie Licht sehen. Das Weltall wäre plötzlich hell, taghell. Was würden wir zu sehen bekommen, was wir jetzt nicht sehen, nicht sehen können und nicht sehen sollten? Der Leser merkt, worauf Heinrich hinauswill.

Wie ist es überhaupt mit den Fledermäusen?

Noch eine Frage: Wenn wir keine Kiemen kennen würden, wären wir bereit zu akzeptieren, dass es noch andere Atmungsorgane als die Lunge gibt?

Konstruieren wir ein Gespräch zwischen Gott Vater und seinem Sohn, die sich im Himmel vor der Geburt Christi unterhalten.

Gottvater: Die Völker der Erde glauben an die griechisch-römischen Götter, an die ägyptischen Götter usw. Nur das Volk Israel glaubt an mich. Wie ändere ich das dahingehend, dass alle Völker an mich glauben?

Jesus Christus: Jemand sollte ihnen erzählen, dass es nur einen Gott gibt.

Gottvater: Aber wer soll es erzählen? Es kann nur einer erzählen, der es weiß.

Jesus Christus: Ja, einer, der es weiß und dadurch überzeugen kann.

Gottvater: Richtig! Kein Irdischer weiß es. Nur du weißt es.

Jesus Christus: Heißt dies, ich soll deinen Namen unter die Völker bringen?

Gottvater: Würdest du es tun?

Jesus Christus: Ja, natürlich!

Gottvater: Denke daran! Die Menschen dürfen von meiner Existenz nichts wissen. Sie müssen daran glauben. Das Wissen von meiner Existenz wäre ihr geistiger und somit ihr körperlicher Untergang.

Jesus Christus: Warum?

Gottvater: Das Wissen um meine Person würde die Menschen in Chaos und Orientierungslosigkeit versinken lassen, die Existenz des Menschen ist auf Arbeit und Schaffenskraft aufgebaut. In dem Augenblick vom Wissen um meine Person würden die Menschen alle Arbeit mir überlassen. Glauben sie an mich, stärkt dies ihre Kräfte. Sie vertrauen auf meine Hilfe.

Jesus Christus: Könnte es nicht passieren, dass die Menschen sich auf das Wissen von deiner Existenz berufen, wie ich das mache, wenn ich beabsichtige auf der Erde den Glauben an dich über das Volk Israel hinaus zu verbreiten?
Gottvater: Es darf nicht passieren. Du musst es trennen. Du weißt von meiner Existenz, die Menschen sollen an meine Existenz glauben.
Jesus Christus: Was ist mit den Atheisten? Sie glauben nicht und können trotzdem existieren.
Gottvater: Sie sind der Stachel im Bewusstsein der Gläubigen, damit diese nicht in Selbstherrlichkeit verfallen und sich immer wieder auf den Glauben berufen müssen und nicht auf das Wissen von meiner Existenz.
Jesus Christus: Kann man es auch so sehen, dass der Gläubige der Stachel im Bewusstsein der Atheisten ist?
Gottvater: Es ist so!
Die Aufgabe von Jesus Christus war, den Glauben an den einzigen Gott, den Gott des Volkes Israel der Menschheit zu vermitteln, mit der Gratwanderung zwischen Glauben und Wissen. Da das Wissen um Gott viele Gefahren für die Menschen beinhaltet, sind die Fragezeichen geschaffen worden, um den Glauben zu stützen und zu festigen.
Heinrich war fleißig geworden und eines Tages Doktor. Wie das Schicksal so spielt, fing er bei der Kirche im ehemaligen Altstaat an zu arbeiten. Es dauerte nicht lange und Otto kam hinzu. Der Altstaat hatte viel Arbeit hinterlassen und Heinrich und Otto hatten alle Hände voll zu tun.
Heinrich war für die Quantität und Otto für die Qualität zuständig. Sie setzten sich hin und überlegten, wie die Kirche für den Laien interessanter gestaltet werden kön-

ne. Sie hatten fünfzig Ideen. Das heißt nicht, dass manche Ideen nicht schon punktuell praktiziert wurden.

Das Anliegen von Heinrich und Otto war, dass diese per Beschluss flächendeckend in den Gemeinden eingeführt werden sollten.

Kaum hatte Otto seine kirchliche Arbeit vollendet, starb er. So blieb Heinrich allein und wird es auch bleiben. Ja, ja, Heinrich und Otto oder Otto und Heinrich, die bissigen Himmelhunde, die Verteidiger des Glaubens im Altstaat waren schon zwei tolle Kerle.

Auf wundersame Weise hat Ottos Tochter bei dem von Otto über alles geliebten Papst eine Audienz bekommen. Da war Otto jedoch schon gestorben. Hat er da von oben seine Hände im Spiel gehabt?

Der sportliche Heinrich?

In einen Sportverein gehen, das gab es nicht in Heinrichs Elternhaus. Schularbeiten standen an erster Stelle, und war Zeit übrig, auf der Straße spielten Kinder, dies war Sport genug. Ein Sportverein, das hätte noch gefehlt. Ja, gefehlt hat es weder Heinrich noch seinen Freunden. Sport hat etwas mit Anstrengung und Disziplin zu tun. Also nur weit weg damit.
Außerdem sah er als Kind, wie sich der Großvater mit seinen kaputten Knien herumquälen musste, und so sagte sich Heinrich immer, schön die Beine schonen, nicht dass er die Knie wie der Großvater bekommt. Heinrich hat sich leidlich daran gehalten. Natürlich hat er große Wanderungen gemacht, da waren die Beine jedoch zum Vergnügen da und nicht für die Arbeit, also Vergnügungsbeine und keine Arbeitsstelzen.
Der liebe Heinrich und Sport! Mit elf Jahren nahm er etwas zu, die Freunde riefen ihn nun „Massa" und später meinten sie, er wäre nur noch stämmig. Ja, gestemmt hat er im späteren Leben noch viel Löcher und Gewichte. So schwach geschont Heinrichs Beine waren, so stark waren seine Arme, ideal für Geräteturnen. So setzte sich die Sportnote eins der Mittleren Reife aus Geräteturnen eins, Leichtathletik zwei und Schwimmen eins zusammen. Schwimmen eins war Pflicht für ihn. Heinrichs Vater war Thüringenmeister im Brustschwimmen, Kunstspringer und Wasserballer gewesen, seine Mutter Kunstschwimmerin, sein Bruder schwamm aktiv und er selbst begann durch das Leben zu schwimmen. Heinrich spielte gut Handball, ob mit einem Ball oder zwei Bällchen. Er ist auch einmal in einen Handballclub gegangen.

Sein Trainer nominierte ihn für ein Punktspiel. Seinen Namen konnte er großgeschrieben im Stadtschaukasten des Vereins lesen. Der Tag des Spiels kam, der Trainer wechselte Heinrich ein, er spielte jedoch schlecht, so grottenschlecht, dass ihn der Trainer mit Recht nach zwanzig Minuten austauschte, austauschen musste. Er hatte einen rabenschwarzen Tag erwischt. Heinrich ging, enttäuscht von seinen Leistungen, und hat nie wieder Handball gespielt.

Im Sportunterricht der Berufsschule stellte der Sportlehrer bei einer Übung fest, dass Heinrich über außergewöhnlich starke Bauchmuskeln verfügte. Dies wusste Heinrich bis dahin gar nicht. Sofort wurde er zum Stabhochsprung geschickt. Doch er besaß wenig Lust mit einem Stab über die Latte zu springen. Heinrich war doch kein Känguru. So tat er sich von der Forderung des Sportlehrers erfolglos drücken. Auf wiederholte Nachfrage konnte er dem Sportlehrer freudestrahlend berichten, dass der Trainer keine Zeit hatte, seine vier Hansels und Heinrich Hansel zu trainieren, er musste sein Eigenheim bauen. Die Hansels sollten autodidaktisch arbeiten. Dies wäre bei Hansel Heinrich etwas Schönes geworden. Die Höhe seiner liegenden Latte hätte noch seine Oma ohne Krückstock überspringen können. Dies konnte sich auch der Sportlehrer denken und hat Abstand davon genommen, aus dem Heinrich einen Überflieger machen zu wollen. So musste Heinrich seine starken Bauchmuskeln weiterhin ungenutzt herumtragen. Woher er diese starken Bauchmuskeln hatte, konnten ihm seine Regierung und auch der ganze Regierungskreis nicht erklären.

Dies wäre eigentlich schon Heinrichs sportliche Karriere gewesen. In seiner Nichtsportkrone, die er trug, funkelte jedoch ein kleiner geschliffener Diamant und dieser funkelte ziemlich stark. Er war für eine Sportart begabt und sehr talentiert, dies war Ringen bzw. Judo. Er probierte sich in dieser Sportart aus, ob er gewann oder verlor, die Trainer erkannten sofort sein Talent. Aber nicht nur die Trainer, auch Freunde und Fremde, die ihn haben kämpfen gesehen, sahen seine Begabung. Ihm wurde eine große sportliche Karriere vorhergesagt, wenn er bei diesen Sportarten bleiben würde. Heinrich und bleiben würde? Talent ist die eine Seite, trainieren die andere. Eher fließt das Wasser den Rhein stromauf, als dass er diesbezüglich ausdauernd trainiert hätte.

Wenn bei Menschen ihr Aktionsradius verkleinert wird, nimmt die Wertigkeit der Intelligenz ab und die der körperlichen Stärke dazu. Der Stärkste ist Rudelführer. So war es auch bei Heinrichs eingeschränktem Aktionsradius. Eines Tages, ein neuer Gladiator besiegte im Freundschaftskampf den alten „Leitwolf". Alle Gladiatoren staunten und klopften gleich kameradschaftlich auf die Schultern des neuen Leitwolfes. Ganz zufällig und nicht geplant ließ sich Heinrich auf einen Freundschaftskampf mit dem neuen Leitwolf ein und besiegte ihn. Das war Heinrich mehr als peinlich. Er hatte glücklich gesiegt. Jetzt wurde auf seinen Schultern herumgetrommelt. Den neuen Gesichtswinkel, mit welchem er jetzt betrachtet wurde, hat er ganz schnell in die Ausgangsposition korrigiert. Doch als Trainingspartner war er jetzt gefragt. Sein Talent wurde sofort wieder erkannt und zugegeben, Spaß hat es ihm auch gemacht.

Heinrich wollte in einer Sportart sporten, wo er primär davon etwas hat und nicht die anderen. Er wollte schon als Kind Muskeln haben. Muskeln, das war das Größte.

Die Konsequenz aus diesem Wunsch war, dass er Kraftsport betrieb. Jedoch nicht in einem Verein sollte dies sein. Zu Hause wollte er trainieren. Es wurden sich zahlreiche Sportgeräte zugelegt und alle Einrichtungsgegenstände, die schwer waren, wurden in das Training einbezogen. Er entwickelte einen Fanatismus, welcher ein Leben lang anhielt.

Jedoch erst einmal bekam er zu seinem vierzehnten Geburtstag einen Expander mit sechs Stahlfedern geschenkt. Heinrich und sein Expander waren eine Einheit. Er konnte sich nur schwer von ihm trennen. Fuhr Heinrich in den Urlaub, musste der Expander mit. So viel Liebe, die er dem Expander gegeben hatte, kam auch zurück. Der Expander zeigte sich dankbar und ließ sich durch Heinrich mit zwölf Stahlfedern ziehen. Das waren zwei Expander auf einmal. Im Laufe des Lebens wurden durch die viele Zieherei die Zwischenglieder immer dünner, bevor sie eines Tages brachen. Heinrich liebte es, zu Hause Handeln zu stemmen. Handeln hieß alles, was Gewicht hatte. Eines Tages wurde er von einem Freund besucht. Mutter schickte ihn in Heinrichs Zimmer, doch der Freund sah ihn nicht. Das Einzige, was er sah, war Heinrichs Bett, das in die Höhe ging und sich wieder senkte. Aber wo war Heinrich? Er lag unter dem Bett und war der Verursacher dieses Geschehens.

Heinrich tat in seinem Leben viel, um unangenehm aufzufallen. Doch eins tat er nicht. Er rauchte nicht und er trank nicht. Ganz im Gegenteil. Er war ein fanatischer Antitrinker. So hat er nicht mehr als zehn Glas Bier in seinem Leben getrunken, und das in Deutschland. Ganz normal ist dies zwar nicht, aber was ist bei Heinrich schon normal. Als ein Freund zu ihm kam und ihn lüs-

tern fragte, ob er etwas zu trinken da hätte, konnte er mit gutem Gewissen mit „ja" antworten. Er ging in den Keller und kam mit einer Flasche Apfelsaft zurück. Diesen Freund hatte er für immer verloren.
Ein ganz fanatischer Antitrinker war Heinrich manchmal nicht. Das geschah, wenn Mädchen im Anzug waren. Beim Kennenlernritual konnten schon einmal eine Flasche oder auch zwei Flaschen Wein geleert werden. Doch mehr als Mittel zum Zweck als Genuss an der Sache.
Alkohol hat unserem Heinrich einfach nicht geschmeckt. Er stand mehr auf Haferflocken, Milchreis und Grießbrei. Wenn mancher Mann sich der Liebe hingeben wollte, da trank er im Vorfeld der Spielwiese mit seiner Angebeteten ein Glas Wein. Jedoch nicht Heinrich, der bestand auf Haferflocken oder anderen süßen Speisen. So wie er veranlagt war, brauchte er auch keine Verklemmungslöser. Das Wort verklemmt stand bei ihm sowieso nicht wie manches andere Wort in seinem persönlichen Duden. Die Damenwelt hat es ihm gedankt und die Männer ihm manchen Spottnamen gegeben, was eigentlich auch immer ein Ehrenname war.
Der Leser mag die Abschweifung vom Sport verzeihen, aber dies ist ja auch eine Art von Sport. So sagt man jedenfalls.
Heinrich trainierte, trainierte und trainierte. Er wurde stark, sehr stark. Sein Körper wurde immer muskulöser, muskelvoller. Hat das Umfeld ihn im Winter gar nicht wahrgenommen, wurde das im Sommer, wenn er nur mit dem T-Shirt bekleidet durch die Straßen ging, schlagartig anders. Das war ihm, bevor er sich daran gewöhnt hatte und es ihm auch gefiel, furchtbar peinlich. Er wurde häufig auf seine Muskeln angesprochen. Die Mädchen woll-

ten die Muskeln anfassen, berühren und ihre Hände um seine gewaltigen Oberarme legen. Ein Schelm unser Heinrich, wenn er nicht zugeben würde, dass er dies nicht genossen hätte.

Der Leser muss sich dabei vor Augen halten, dass es die Bodybuilderei, wie heute üblich, im Altstaat nicht gab. Wenn der Winter kam, wurde der Körper wieder bedeckt und aus war es mit der Bewunderung. Es kam jedoch ein neues Jahr, und es fing wieder von vorn an.

Die Schönheit hatte ihren Preis. Im Laufe des Lebens wurde seine Wirbelsäule immer steifer und heute ist sie nach seiner Meinung etwas zu steif. Jetzt muss er trainieren, damit die Rückenmuskulatur seine angeschlagene Wirbelsäule entlastet. Jetzt, wo er dazu keine Lust mehr hat. Er weiß auch, dass die Muskulatur im Alter sich zurückbildet.

Heinrich, Heinrich, dies kann noch etwas werden!

Heinrich und das Buch

Heinrich, du kannst dich nicht beschäftigen, sagte die Mutter und sie hatte recht. Heinrich konnte nicht für sich spielen. Zu so etwas hatte er keine Phantasie. Auch sein Temperament verhinderte diese anstrengende Tätigkeit. Fünf Minuten stillsitzen, sich mit etwas beschäftigen, wo der Körper ruhig, aber der Geist aktiv war, so etwas ging bei Heinrich überhaupt nicht. Doch umgedreht war dies der Fall. Der Körper war aktiv und riss den Geist mit. Einfacher gesagt, Heinrich war ruhelos.
Fuhr die Modelleisenbahn im Kreis, war das für ihn langweilig, denn er fuhr ja nicht mit. Er konnte nur auf die Eisenbahn starren, starren, nochmals starren.
Bei seinem Bauernhof standen alle seine Tiere im Stall ordentlich aufgereiht. Sie durften sich immer ausruhen oder schlafen. Heinrich konnte nur mit einem Gegenstand ruhig gestellt werden, dies war das Buch. Hier versank er in eine andere Welt und diese füllte ihn aus. War kein Buch vorhanden, füllte er mit seinem Temperament das Elternhaus aus.
Heinrich, gehe auf die Straße spielen, sagte die Mutter und dies ließ er sich nicht zweimal sagen.
Doch immer ging das auch nicht. So war es doch gut, dass er eines Tages lesen konnte. Was las er? Das, was Kinder eben lesen, Märchenbücher. Eines Tages hatte er die deutschen Märchenbücher der öffentlichen Bibliothek ausgelesen. Er wollte von der Bibliothekstante neue Märchenbücher empfohlen haben. Diese empfahl ihm, russische Märchenbücher zu lesen. Er lehnte dankend ab und meinte, russische Märchen muss er sich schon jeden Tag in der Schule anhören. Da traten der Bibliothekstante die

Augen heraus und ihr Unterkiefer schlug auf der Brust auf. So ein vorlautes Mundwerk war ihr bisher noch nicht vorgekommen.
Heinrich wurde älter und somit wechselte auch der Inhalt der Bücher. Es wurden jetzt Indianerbücher und Abenteuerromane gelesen. Als einer der wenigen schaffte er es in seiner Kindheit fünfunddreißig Karl-May-Bücher zu lesen. Dass es so „wenig" geblieben sind, lag daran, dass er im Altstaat nicht mehr zum Lesen bekommen hat.
Heinrich kam in die Jahre oder, wie man heute sagen würde, in die Pubertät, eine Weltanschauung, die es früher nicht gab, und las nun Klassiker und die Werke der Weltliteratur.
Seine große Liebe war und blieb jedoch die Geschichte. Welcher Kaiser, König, Fürst wo gelebt hat, mit wem er im Bett war, Kinder gezeugt hat, heiraten musste. Im Laufe der Zeit kannte er das ganze verwobene europäische Adelsnetz. Ach, was sage ich, Heinrich wollte die Zeugungsfreudigkeit der ganzen Welt kennenlernen. Aber ein kleiner Name wie Kaiser, König, Fürst, Papst, Sultan usw. musste schon vor dem eigentlichen Namen stehen, sonst war es langweilig. Er kannte alle, aber nur, um viele wieder zu vergessen.
Ja, ja, merken wollen ist die eine Seite, merken können die andere. Doch Heinrich der Jüngling interessierte sich für alles. Auch für die Literatur. Er lernte in gesalbten Worten zu sprechen und sich schwülstig auszudrücken, wie bei Schiller. Da ist das Damennachthemd die Tracht ihres Gewerbes. So etwas liebte er, die Verklausulierung. Das waren Worte, da steckten Taten dahinter. Diese konnten deutlich schon gesehen werden. Das war Literatur vom Feinsten.

Die Astronomie gehörte ebenfalls zu Heinrichs Freunden. Wenn er etwas tat, dann tat er es fanatisch. Heinrich liebte die Sterne und die Sternchen. So verbrachte er manche Nacht mit Sternenglobus und Sternchen, um die Sterne und Sternchen näher kennenzulernen.

Heinrichs Regierung machte ihm eines Tages klar, dass die Bodenkammer nicht dazu da wäre, um in dieser Stein- und Gräsersammlungen anzulegen.

Bei allen Interessen, die Heinrich hatte, schulische Interessen hatte er nie. Die hatte sein Bruder. Darum ist dieser ja auch Professor geworden.

Als Otto der Himmelhund eines Tages zu unserem Heinrich sagte: „Heinrich, du bist zwar schuldumm", da konnte er nur zustimmend nicken. Als er jedoch weiter sagte: „aber weltklug", da strahlte unser Heinrich über den ganzen Körper. Ja, Freunde sagen sich eben die Wahrheit.

Im Laufe der Jahre verliebte sich Heinrich immer mehr in das Buch, bis sie eines Tages die Ehe eingingen. Es musste eine Doppelbettcouch gekauft werden. Wie es in einer richtigen Ehe sein sollte, liegt auf der einen Seite der Mann, auf der anderen Seite der Ehepartner. Früher hätte man geschrieben, die Frau. Diese Zeiten gehören jedoch der Vergangenheit an.

Es lag auf der einen Seite der Couch Heinrich und auf der anderen das Buch, nein vier, fünf Bücher, denn Heinrich hatte die Angewohnheit, mehrere Bücher zur gleichen Zeit zu lesen.

War Sommer und es war heiß, die Leute gingen baden, da sagte er der Sonne „ADE", zog die Vorhänge zu und vergnügte sich mit seinen Büchern, denn von Vielerei hatte er schon immer etwas übrig.

Wo Heinrich hinging, hinfuhr, hinwanderte, Frau „Buch" kam mit und oft viele Bücher. Als er bei der Kunst arbeitete, gab es innerhalb der Arbeitszeit auch Wartestunden. Während seine durstigen Kollegen im Trinkraum saßen, verzog Heinrich sich mit seinen Büchern in die Möbelkammer. So konnte der Meister ihn finden, Heinrich zwischen den Möbeln und seine Bücher ringsherum um ihn ausgebreitet.

Als seine Welt klein und einsam geworden war und ihm seine eigenen Bücher vorenthalten wurden, las er das Kapital, nicht von Karl May, sondern der Autor hieß nun Karl Marx.

Heinrich meinte auch, dass Grenzkontrollen zwischen dem Altstaat und der CSSR viel reibungsloser verlaufen, wenn „rote" Bücher bei der Kontrolle zum Vorschein kommen. Er machte es sich bei seinen Fahrten in die CSSR und zurück zur Pflicht, diese Kontrollentschärfer immer bei sich zu führen.

Beim Anblick dieser Wunderwerke entspannten sich sofort die Gesichtszüge der strengen Zöllner, ein mildes Lächeln breitete sich über diese aus und die geschmuggelte Ware kam unbeschadet zu Hause an.

Sein geliebtes Buch war auch schon mal Schlaginstrument, vor allem, als er das Russischbuch, leicht abgefedert, seinem Russischlehrer auf den Kopf legte. Russisch hat Heinrich eben nie gemocht.

Es konnte auch als Wurfgeschoss benutzt werden, wenn der Inhalt nicht seinen Vorstellungen entsprach. Da wurde auch schon vom fahrenden Zug aus nach den Gänseblümchen geworfen.

Die Symbiose zwischen Heinrich und Buch hat sich bis zum heutigen Tage erhalten. Kein Wesen aus Fleisch und

Blut konnte den Platz des Buches einnehmen. Er geht noch immer abends mit seinem Buch in das Bett und so soll es auch bleiben.

Heinrich der Wandersmann

Als Kleinkind ist Heinrich von zu Hause ausgerissen und Mutter fand ihn an der Hand einer anderen Frau. Dies passierte nicht nur einmal. Es war schon schwer, Heinrich im Auge zu behalten.
Als ihm das Buch von Johann Gottfried Seume „Spaziergang nach Syrakus" in die Hand fiel, da gab es für Heinrich kein Halten mehr. Er wollte ebenfalls wandern. Syrakus war ihm verwehrt, aber durch den südlichen Teil des Altstaates wandern, dies war schon möglich. Eigentlich nicht, denn wer hat schon unbegrenzten Urlaub. Heinrich sah darin kein Problem. Er kündigte in seinem Betrieb, hatte keine Arbeit mehr und schon war das Problem gelöst. Wird die ganze Strecke zu Fuß gelaufen, werden viele Leute kennengelernt, die einen bewundern, dass man schon so viele Kilometer gewandert ist und noch wandern will. Diese Bewunderung führt auch zur Unterstützung.
Nach ? Wochen und 1250 gewanderten Kilometern kam er wieder zu Hause an und vereinbarte mit Otto dem Himmelhund, das Jahr darauf nach Budapest zu wandern. Natürlich zu Fuß. Das Urlaubsproblem wurde wieder gelöst, indem von allen beiden die Arbeitsstellen gekündigt wurden. In Budapest angekommen, wollten beide noch lange nicht nach Hause, nicht nach 1200 gewanderten Kilometern. Sie waren so richtig eingelaufen. Jedoch sahen es die, die das Sagen haben, anders und sagten es anders. Das restliche Geld wurde für Bücher ausgegeben und ab ging es nach Hause.
Da Reisen bildet, bildeten sich bei Heinrich und Otto lange Haare. Wenn man eine Freundin hat, deren Vater

Kreisgerichtsdirektor ist, bilden sich bei den Eltern der Freundin Freudengefühle über der Tochter neusten Freund.

Der umtriebige Heinrich hatte immer einen Wandertrieb. Es kam ein neues Jahr, ein neuer Sommer, eine neue Wanderung, wieder zu Fuß. Von der Hohen Tatra sollte es in den Altstaat gehen. Diese Wanderung verlief jedoch unglücklich. Nur gut, dass sich Heinrich und Otto ganz zufällig am Fahrkartenschalter in Prag wiederfanden, damit war das friedliche Miteinander von beiden wiederhergestellt.

Es war genug gelaufen. Es konnte auch geflogen werden. Beim Fliegen sind auch schöne Mädchen mit an Bord. Schon flog Heinrich nach Moskau, Leningrad und Riga und mit der schönen Frau nach Bulgarien, bevor er dann endgültig von der Fachschule flog.

Als Heinrich sich einbildete, die ganze Welt umrunden zu müssen, ging nichts mehr, weder fliegen noch laufen, nur sitzen. Als er genug „gesessen" hatte und wieder an der Welt schnuppern konnte, da wurde die CSSR seine zweite Heimat. Es ging immer rüber und nüber. Die Gastfreundschaft der Tschechen hat er ihnen nie vergessen. Hoch lebe die Heinrich-tschechische Verbundenheit. Seine Universitätsexkursionen führten ihn später nach Polen und wieder nach Ungarn.

Wenn es nicht in das Ausland ging, dann ging es in das Inland. Heinrich wollte doch Kunsthistoriker werden, das hieß vieles, vieles anschauen. Dummerweise standen die guten Dinge, bis auf Ausnahmen, nicht im Altstaat. Er wollte aus dem Altstaat raus und kam raus. Er war noch nicht richtig im Neustaat angekommen, da ging es gleich nach Jugoslawien und Griechenland und von da nach

Kreta. Was sah unser Heinrich? Da kam ihm ein Pferdewagen vollbeladen mit Apfelsinen entgegen. Richtige Apfelsinen, ein ganzer Pferdewagen voll, und Blätter waren auch noch an den Apfelsinen. So etwas hatte unser Heinrich noch nicht gesehen. Das hat ihn stark beeindruckt. Spätestens nach seiner Rückreise von Griechenland konnte er merken, wie schnell man obdachlos werden kann. Diese Zeit ging vorüber. Als die Sonne wieder schien und er die Baseler Faschingszeit genossen hatte, startete er erst mal durch. Da ging es im Frühjahr nach Sorrent, da hingen Zitronen an den Bäumen, nach Capri, Pompeji, der Vesuv wurde bestiegen, zurück nach Berlin, weiter nach Kopenhagen, weiter nach Paris und London. Den Abschluss bildete noch einmal Italien mit Gardasee. Im Sommer wurde gewandert im Zillertal und im Herbst wurde Spanien besucht, um Weihnachten wieder in Paris zu sein. Ein Jahr ganz nach Heinrichs Geschmack. So ging es weiter. Es folgten Fahrten nach den Niederlanden, Norwegen und Schweden und x-mal nach Italien und Frankreich.
Ergebnis: Heinrich war schon einmal in allen europäischen Staaten gewesen, bis auf ein Land und dies ist Finnland. Neben dem europäischen Festland gibt es Inseln, die sich um Europa lagern. Er besuchte Kos, Mykonos, Naxos, Korfu, Rhodos mit Abstecher in die Türkei, Zypern, wo die Erde und das Hotel wackelte und bebte. Doch sein Bedürfnis war noch lange nicht gestillt. Es folgten Malta, Sizilien, Sardinien, Madeira. Dann entfernte sich Heinrich von Europa. Er besuchte Fuerteventura, Lanzarote, die Azoren und in Afrika, immer noch vor der Haustür gelegen, Ägypten, Tunesien und Marokko. Seine Neugier war nicht zu bremsen. Er flog nach Südafrika,

Mauritius und auf die Seychellen. Auch Indien war sein Ziel, ein Land, welches er besuchte. Dann ging es über das Wasser. Er fuhr durch Mexiko, Guatemala, Belize, war in der Karibik auf Puerto Rico, auf den Bahamas, St. Thomas und St. Maartens. Am besten gefallen hat es ihm in Rio de Janeiro.

Da lag doch unser Heinrich, als er so viel sitzen durfte, in seinem Bett und stellte sich die Frage, ob er in seinem Leben einmal den Neustaat sehen dürfe. Wenn er gewusst hätte, was er im Leben noch alles zu sehen bekommt, da hätte er viel besser geschlafen und auch viel besser gesessen.